Presidio House

# Santandereano & Boyacense Slang for Brave Foreigners

Cordillera Oriental Edition

---

Presidio House LLC 2026

ISBN-13: 979-8-9951420-6-5

First Edition © 2026 Presidio House LLC



---

---

Disclaimer

This book is a non-fiction educational and cultural guide to authentic colloquial Colombian Spanish. It contains real slang expressions used in everyday speech across different regions of Colombia, including informal, vulgar, strong, or regionally specific language that may be considered offensive, crude, or inappropriate in formal settings. All content is presented solely for linguistic, cultural, and educational purposes to help readers understand and communicate more naturally with native speakers.

The author and publisher do not endorse or encourage the use of profane, vulgar, or disrespectful language. Reader discretion is advised, especially for younger audiences or in professional/educational environments.

---

---

## Welcome from La Vecina

Mire, pues... Bienvenido. Soy la Vecina de Santander y Boyacá — la que habla claro, sin vueltas y sin adornos. Aquí en la montaña uno dice lo que piensa, cumple con lo que promete y vive con orden. Tú vas a aprender saludos directos, aprobaciones honestas y cómo no meter la pata en un pueblo donde la palabra vale más que el oro. Esto es el idioma que se habla entre montañas, con respeto, con trabajo y con esa seriedad que nos caracteriza. Tómalo con juicio. Aquí las cosas se hacen bien o no se hacen.

## English Welcome

Look... welcome. I'm your mountain Vecina from Santander and Boyacá — the one who speaks plainly, no fluff, no nonsense. Here in the highlands we say what we mean, keep our word, and live with order. You're going to learn direct greetings, honest approvals, and how not to put your foot in it in a place where a person's word is worth more than gold. This is the language spoken between mountains, with respect, with work, and with the seriousness that defines us. Take it seriously. Here things are done right or they're not done at all.

---

---

# How to Use This Book

Each entry is arranged the same way so you can learn it directly and correctly.

Phrase – the exact Santandereano & Boyacense expression

Vecina – my direct explanation in plain mountain speech

Meaning – the clear English meaning and sense

Example – a real-life sentence as we say it here

Translation – the natural English version

Read it carefully. Repeat it exactly. Things are learned step by step and done right.

---

# Table of Contents

---

## Saludos Directos de Montaña

Direct Mountain Greetings

(Entries 1–10)

---

**Entry 1**

**¿Cómo amaneció, vea?**

**Vecina:**

Aquí se pregunta por el amanecer porque el día comienza temprano y eso importa — tú lo dices con respeto y la gente responde con calma, como se conversa en la finca antes de salir al trabajo.

**Meaning:**

How did you wake up? (respectful morning greeting)

**Example:**

¿Cómo amaneció, vea? ¿Descansó bien?

**Translation:**

How did you wake up? Did you rest well?

---

**Entry 2**

**¿Todo bien, pues?**

**Vecina:**

Pregunta directa y sin vueltas — tú la usas y la gente entiende que estás chequeando con seriedad, como se hace entre gente de palabra en la montaña.

**Meaning:**
Everything good?
**Example:**
¿Todo bien, pues?
**Translation:**
Everything good?

---

**Entry 3**
**¿Qué ha hecho, vea?**
**Vecina:**
Se pregunta con interés sincero pero sin afán — tú lo dices y la gente te cuenta lo que haya, como se conversa después de misa o en la tienda del pueblo.
**Meaning:**
What have you been up to?
**Example:**
¿Qué ha hecho, vea estos días?
**Translation:**
What have you been up to these days?

---

**Entry 4**
**¿Todo en orden?**
**Vecina:**
Corto y claro — tú lo preguntas y la gente sabe que estás revisando si todo está como debe estar, como cuando uno mira la finca antes de empezar el día.
**Meaning:**
Everything in order?
**Example:**

¿Todo en orden por allá?
**Translation:**
Everything in order over there?

---

**Entry 5**
**¿Cómo sigue, pues?**
**Vecina:**
Se pregunta por el proceso, no solo por el momento — tú lo usas y la gente siente que de verdad te importa cómo va su día o su trabajo.
**Meaning:**
How are you doing (continuing)?
**Example:**
¿Cómo sigue, pues?
**Translation:**
How are you doing now?

---

**Entry 6**
**¿Bien o no?**
**Vecina:**
Directo y sin rodeos — tú lo dices con seriedad y la gente te responde con la verdad, como se hace entre gente seria de la montaña.
**Meaning:**
Good or not?
**Example:**
¿Bien o no?
**Translation:**

Good or not?

---

**Entry 7**
**¿Qué cuenta, vea?**
**Vecina:**
Aquí se conversa con calma — tú preguntas "¿qué cuenta?" y la gente te cuenta lo que haya, sin prisas, como se hace en la plaza después del trabajo.
**Meaning:**
What's new?
**Example:**
¿Qué cuenta, vea?
**Translation:**
What's new?

---

**Entry 8**
**¿Todo tranquilo?**
**Vecina:**
Tranquilo es lo que se busca en la montaña — tú lo preguntas y la gente sabe que estás chequeando si la vida va en orden, sin alboroto.
**Meaning:**
Everything calm?
**Example:**
¿Todo tranquilo por allá?
**Translation:**
Everything calm over there?

---

**Entry 9**
**¿Cómo le ha ido?**
**Vecina:**
Pregunta con respeto y cercanía — tú la usas y la gente siente que te importa de verdad cómo les ha ido en estos días de trabajo y de vida en la montaña.
**Meaning:**
How have you been?
**Example:**
¿Cómo le ha ido estos días?
**Translation:**
How have you been these days?

---

**Entry 10**
**¿Todo bien por la casa?**
**Vecina:**
Se pregunta por la familia sin meterse en líos — tú lo dices y la gente entiende que estás mostrando respeto, como se hace entre vecinos serios de la región.
**Meaning:**
Everything good at home / with the family?
**Example:**
¿Todo bien por la casa?
**Translation:**
Everything good at home?

---

---

# Aprobación con Juicio

Approval with Good Judgment

(Entries 11–20)

---

**Entry 11**

**De una, pues**

**Vecina:**

Si se va a hacer, se hace sin vueltas — tú lo dices con seriedad y la gente sabe que estás aprobando con juicio, como cuando se decide algo importante en la finca.

**Meaning:**

Right away

**Example:**

¿Arrancamos? De una, pues.

**Translation:**

Shall we start? Right away.

---

**Entry 12**

**Hágale**

**Vecina:**

Corto y claro — tú lo usas cuando algo está listo y la gente entiende que estás dando el sí sin perder tiempo, como se hace con el trabajo serio.

**Meaning:**

Go ahead

**Example:**

Si está listo, hágale.
**Translation:**
If you're ready, go ahead.

---

**Entry 13**
**Eso sirve**
**Vecina:**
Si cumple y resuelve, se usa — tú lo dices con calma y la gente sabe que estás aprobando lo práctico, sin exagerar ni complicar.
**Meaning:**
That works
**Example:**
Eso sirve, déjelo así.
**Translation:**
That works, leave it like that.

---

**Entry 14**
**Está bien así**
**Vecina:**
A veces no hay que mejorar más — tú lo dices con respeto y la gente entiende que estás aceptando las cosas como vienen, con juicio.
**Meaning:**
That's fine
**Example:**
Está bien así, no le cambie.
**Translation:**

That's fine as it is—don't change it.

---

**Entry 15**
**Me parece**
**Vecina:**
Aprobación pensada y sin alboroto — tú lo usas y la gente sabe que estás dando tu palabra con seriedad, como se hace entre gente de respeto.
**Meaning:**
Sounds good
**Example:**
¿Así le parece? Me parece.
**Translation:**
Does that work? Sounds good.

---

**Entry 16**
**Eso queda bien**
**Vecina:**
Cuando algo encaja y se ve correcto, "eso queda bien" es la forma serena de aprobarlo — tú lo dices y la gente entiende que estás satisfecho.
**Meaning:**
That turns out well
**Example:**
Así queda bien.
**Translation:**
That turns out well like that.

---

**Entry 17**
**Va bien**
**Vecina:**
Se reconoce el avance sin hacer ruido — tú lo dices y la gente sabe que estás viendo el progreso con juicio, como cuando el trabajo avanza parejo.
**Meaning:**
It's going well
**Example:**
Va bien el trabajo.
**Translation:**
The work is going well.

---

**Entry 18**
**Eso queda listo**
**Vecina:**
Se hace y se cierra — tú lo usas y la gente entiende que estás dando por terminado el asunto con orden y sin dejar cabos sueltos.
**Meaning:**
That's settled
**Example:**
Con eso queda listo.
**Translation:**
With that, it's done.

---

**Entry 19**
**Está correcto**
**Vecina:**

Sin emoción pero bien hecho — tú lo dices y la gente sabe que estás aprobando con seriedad, como cuando se revisa el trabajo en la finca.

**Meaning:**

That's correct

**Example:**

Está correcto así.

**Translation:**

That's correct as is.

---

**Entry 20**

**Eso funciona**

**Vecina:**

No tiene que ser perfecto, solo tiene que cumplir — tú lo dices con calma y la gente sabe que estás aprobando lo que realmente sirve en la vida de todos los días.

**Meaning:**

That works

**Example:**

Eso funciona, déjelo.

**Translation:**

That works, leave it.

---

---

## Emoción Sentida con Seriedad

Emotions Felt with Seriousness

(Entries 21–30)

---

**Entry 21**

**Estoy contento, gracias a Dios**

**Vecina:**

Aquí la alegría se dice con calma y siempre con gratitud — tú lo usas después de un buen día en la finca y la gente entiende que valoras lo que Dios te dio, sin alboroto.

**Meaning:**

I'm happy, thank God

**Example:**

Estoy contento, gracias a Dios, todo salió bien.

**Translation:**

I'm happy, thank God—everything turned out well.

---

**Entry 22**

**Eso me alegra**

**Vecina:**

Cuando algo bueno le pasa a otro, "eso me alegra" sale del corazón y se comparte — tú lo dices y la gente siente que su alegría también es tuya, como debe ser en el pueblo.

**Meaning:**

That makes me happy

**Example:**

Eso me alegra mucho.
**Translation:**
That makes me very happy.

---

**Entry 23**
**Me deja tranquilo**
**Vecina:**
La tranquilidad vale más que cualquier emoción fuerte — tú lo dices cuando algo se arregla bien y la gente sabe que estás en paz, como cuando el café crece parejo.
**Meaning:**
That gives me peace of mind
**Example:**
Ese arreglo me deja tranquilo.
**Translation:**
That solution gives me peace of mind.

---

**Entry 24**
**No me convence**
**Vecina:**
Aquí no fingimos — si algo no te convence, lo dices con respeto y sin rabia — tú lo usas y la gente respeta tu juicio, como se hace en la finca cuando algo no cuadra.
**Meaning:**
I'm not convinced
**Example:**
No me convence eso todavía.
**Translation:**

I'm not convinced by that yet.

---

**Entry 25**
**Eso preocupa**
**Vecina:**
Cuando algo no anda bien, lo reconoces con seriedad pero sin desesperarte — tú lo dices y la gente sabe que estás mirando el problema con juicio, como se mira el cielo antes de la cosecha.
**Meaning:**
That's concerning
**Example:**
Eso preocupa, hay que revisarlo.
**Translation:**
That's concerning—we need to check it.

---

**Entry 26**
**Estoy incómodo con eso**
**Vecina:**
Aquí ponemos límites con respeto pero claro — tú lo dices y la gente entiende que algo no te cuadra, sin necesidad de gritar ni de explicarlo dos veces.
**Meaning:**
I'm uncomfortable with that
**Example:**
Estoy incómodo con esa decisión.
**Translation:**
I'm uncomfortable with that decision.

---

**Entry 27**
**Eso no me cuadra**
**Vecina:**
Cuando algo no encaja, se siente en el pecho — tú lo dices con calma y la gente sabe que estás pensando con juicio, como cuando revisas las cuentas de la finca.
**Meaning:**
That doesn't add up
**Example:**
Eso no me cuadra bien.
**Translation:**
That doesn't add up.

---

**Entry 28**
**Me deja pensando**
**Vecina:**
Aquí se piensa antes de hablar o actuar — tú lo dices y la gente respeta que estás dándole vueltas al asunto con seriedad, como se hace con las decisiones importantes.
**Meaning:**
That makes me think
**Example:**
Eso me deja pensando bastante.
**Translation:**
That makes me think quite a bit.

---

**Entry 29**
**Estoy satisfecho**

**Vecina:** No es euforia, es cumplimiento tranquilo — tú lo dices cuando el trabajo salió bien y la gente sabe que estás en paz, como cuando la cosecha rinde lo que debe.

**Meaning:**

I'm satisfied

**Example:**

Estoy satisfecho con el trabajo.

**Translation:**

I'm satisfied with the work.

---

**Entry 30**

**Eso era lo esperado**

**Vecina:**

Cuando algo sale como debía, sin sorpresa, "eso era lo esperado" es la forma serena de decirlo — tú lo usas y la gente entiende que valoras el orden y el buen juicio.

**Meaning:**

That was expected

**Example:**

Eso era lo esperado, salió como debía.

**Translation:**

That was expected—it turned out as it should.

---

---

## Rumba y Parche con Orden

Rumba and Parche with Order

(Entries 31–40)

---

**Entry 31**

**Se armó el parche**

**Vecina:**

Cuando los amigos se reúnen y el plan empieza sin vueltas, "se armó el parche" es como decimos que el parche ya está armado — dicho claro, con orden y sin exceso.

**Meaning:**

The hangout got together

**Example:**

Se armó el parche en la plaza, tranqui pero bueno.

**Translation:**

The hangout got going in the plaza — calm but good.

---

**Entry 32**

**Esto está bueno**

**Vecina:**

Cuando el ambiente es bueno y se siente correcto, "esto está bueno" es como lo aprobamos — dicho con juicio tranquilo, sin exagerar.

**Meaning:**

This is good / enjoyable

**Example:**

El ambiente está bueno, pero no me voy a volver loco.

**Translation:**

The vibe is good — but I'm not going crazy.

---

**Entry 33**

**Se prendió la cosa**

**Vecina:**

Cuando la noche empieza a tomar vida sin perder el control, "se prendió la cosa" es como decimos que ya arrancó — dicho seco, como deben ser las cosas.

**Meaning:**

The thing got going / lit up

**Example:**

Llegó la música y se prendió la cosa.

**Translation:**

The music arrived and things got going.

---

**Entry 34**

**Esto está movido**

**Vecina:**

Cuando el lugar tiene vida pero sigue ordenado, "esto está movido" es como decimos que está animado — hablado claro, sin drama.

**Meaning:**

This is active / lively

**Example:**

El bar está movido, pero se puede hablar.

**Translation:**

The bar is lively — but you can still talk.

---

**Entry 35**
**Se armó la rumba**
**Vecina:**
Cuando el encuentro se convierte en rumba pero se mantiene dentro de los límites, "se armó la rumba" es como anunciamos que ya empezó — dicho con la seriedad de la montaña.
**Meaning:**
The party kicked off
**Example:**
Se armó la rumba en la 85, qué vaina tan buena.
**Translation:**
The party kicked off on 85th — what a nice thing.

---

**Entry 36**
**Esto está bueno**
**Vecina:**
Cuando el ambiente está correcto y bueno, "esto está bueno" es la forma medida de aprobar — sin exceso, solo reconocimiento honesto.
**Meaning:**
This is good / enjoyable
**Example:**
El ambiente está bueno, pero no me voy a volver loco.
**Translation:**
The vibe is good — but I'm not going crazy.

---

**Entry 37**
**La cosa se puso intensa**
**Vecina:**
Cuando la noche gana fuerza pero sigue controlada, "la cosa se puso intensa" es como notamos el cambio — dicho con calma y juicio.
**Meaning:**
The situation got intense
**Example:**
La cosa se puso intensa cuando empezó el reguetón.
**Translation:**
Things got intense when the reggaetón started.

---

**Entry 38**
**Esto está a otro nivel**
**Vecina:**
Cuando el encuentro sube de nivel de forma tranquila, "esto está a otro nivel" es como lo reconocemos — hablado seco, sin gritar.
**Meaning:**
This is next level / major league now
**Example:**
Con este DJ esto está a otro nivel, qué berraquera.
**Translation:**
With this DJ this is next level — what a thrill.

---

**Entry 39**
**Aquí es la cosa**
**Vecina:**
Cuando se encontró el lugar correcto, “aquí es la cosa” es la forma directa de decir que aquí es donde pasa — sin vueltas, solo verdad.
**Meaning:**
This is the spot / where it’s happening
**Example:**
Aquí es la cosa, el mejor parche de la región.
**Translation:**
This is the spot — the best hangout in the region.

---

**Entry 40**
**Esto está lleno**
**Vecina:**
Cuando el lugar está lleno pero sigue ordenado, “esto está lleno” es como lo notamos — dicho claro, aceptando el hecho sin queja.
**Meaning:**
This is packed / full
**Example:**
El bar está lleno, pero igual nos metemos.
**Translation:**
The bar is packed — but we’re going in anyway.

---

---

# Plata y la Realidad de la Montaña

Money and Mountain Reality

(Entries 41–50)

---

**Entry 41**

**Estoy en la inmunda**

**Vecina:**

Cuando no queda ni un peso, ni para el bus, uno dice esto con franqueza. Aquí la inmunda es parte de la vida y se aguanta sin quejarse.

**Meaning:**

I'm completely broke / dirt poor

**Example:**

Estoy en la inmunda, ni pa'l tinto me alcanza hoy.

**Translation:**

I'm flat broke — can't even afford a coffee today.

---

**Entry 42**

**No tengo ni pa' un tinto**

**Vecina:**

Ni para el café más barato. Tú lo dices sin drama y la gente entiende que estás seco, como sucede al final del mes en la montaña.

**Meaning:**

Don't even have money for a coffee / totally broke

**Example:**

No tengo ni pa' un tinto, estoy pelado mal.
**Translation:**
Not even enough for a coffee — I'm seriously broke.

---

**Entry 43**
**Quedé viendo un chispero**
**Vecina:**
Después de gastar todo, uno se queda mirando las manos vacías. Así es la realidad aquí: se gasta y se queda uno sin nada.
**Meaning:**
Left with nothing / empty-handed
**Example:**
Después del paseo quedé viendo un chispero, sin un peso.
**Translation:**
After the trip I was left with nothing — not a single peso.

---

**Entry 44**
**Estoy pelado mal**
**Vecina:**
Pelado y mal es cuando toca apretarse el cinturón de verdad. Tú lo dices con seriedad y la gente sabe que el mes va a ser duro.
**Meaning:**
I'm flat broke / seriously broke
**Example:**
Estoy pelado mal, toca apretarme el cinturón este mes.
**Translation:**

I'm flat broke — gotta tighten the belt this month.

---

**Entry 45**
**No hay con qué hacer la vuelta**
**Vecina:**
Cuando no hay plata ni para moverse, se dice claro y sin vueltas. Aquí la realidad es así y se acepta sin quejas.
**Meaning:**
No money to make moves / can't even get around
**Example:**
No hay con qué hacer la vuelta, estoy seco total.
**Translation:**
No money to do anything — I'm completely dry.

---

**Entry 46**
**Estoy sin un peso encima**
**Vecina:**
Sin un peso en el bolsillo y sin respaldo. Tú lo dices con la misma seriedad con que se enfrenta cualquier dificultad en la montaña.
**Meaning:**
I don't have a single peso on me / zero cash
**Example:**
Estoy sin un peso encima, ni pa'l bus tengo.
**Translation:**
I don't have a single peso — not even bus fare.

---

**Entry 47**
**La plata se me fue volando**

**Vecina:**
La plata se va rápido y sin avisar. Tú lo dices con la misma calma con que se acepta el clima en la montaña.
**Meaning:**
The money disappeared super fast
**Example:**
La plata se me fue volando en el fin de semana, qué salado.
**Translation:**
The money flew away over the weekend — what bad luck.

---

**Entry 48**
**Ando más seco que un desierto**
**Vecina:**
Seco como el desierto cuando no hay ni para el almuerzo. Tú lo dices sin exagerar y la gente entiende que la cosa está dura.
**Meaning:**
I'm drier than the desert / bone dry, no money
**Example:**
Ando más seco que un desierto, no tengo ni pa'l almuerzo.
**Translation:**
I'm drier than the desert — don't even have money for lunch.

---

**Entry 49**
**No tengo ni pa' moverme**
**Vecina:**

Cuando no hay ni para moverse, todo se frena. Tú lo dices con franqueza y la gente sabe que estás en la inmunda total.

**Meaning:**

Can't even afford to move / no money at all

**Example:**

No tengo ni pa' moverme, estoy en la inmunda total.

**Translation:**

Can't even afford to get around — I'm completely broke.

---

**Entry 50**

**Estoy quebrado hoy**

**Vecina:**

Quebrado hoy, pero mañana llega la plata. Tú lo dices con la seriedad de quien sabe que la vida en la montaña se vive día a día.

**Meaning:**

I'm broke today / financially broken for now

**Example:**

Estoy quebrado hoy, pero mañana llega la plata.

**Translation:**

I'm broke today — but the money comes tomorrow.

---

---

# Carácter Montañero de Verdad

Real Mountain Character

(Entries 51–60)

---

**Entry 51**

**Ese man es una fiera**

**Vecina:**

Cuando alguien es fuerte y no se deja, se dice así. Aquí se respeta al que aguanta y no se raja.

**Meaning:**

That guy is a beast / tough as hell

**Example:**

Ese man es una fiera negociando, no le bajan el precio.

**Translation:**

That guy is a beast at negotiating — they can't lower his price.

---

**Entry 52**

**No se le arruga a nadie**

**Vecina:**

El que no le teme a nadie y siempre responde. Así es la gente seria de la montaña.

**Meaning:**

Doesn't back down from anyone / fearless

**Example:**

Ese parce no se le arruga a nadie, siempre responde.

**Translation:**
That partner doesn't back down from anyone — always steps up.

---

**Entry 53**
**Tiene calle ese man**
**Vecina:**
Sabe cómo es la vida de verdad. Aquí se valora al que ha caminado y conoce el camino.
**Meaning:**
That guy has street smarts / real-world experience
**Example:**
Tiene calle ese man, sabe cómo manejarse en cualquier lado.
**Translation:**
That guy has street smarts — knows how to handle himself anywhere.

---

**Entry 54**
**Se para firme donde sea**
**Vecina:**
Se planta donde sea y no tiembla. Así se es en la montaña: firme y sin miedo.
**Meaning:**
Stands firm anywhere / doesn't flinch
**Example:**
Se para firme donde sea, no le tiembla la voz.
**Translation:**

He stands firm anywhere — his voice never shakes.

---

**Entry 55**
**Es de los que no copia**
**Vecina:**
Tiene su propio estilo y no sigue a nadie. Aquí se respeta al que es original y no copia.
**Meaning:**
Doesn't copy others / has his own original style
**Example:**
Es de los que no copia, siempre tiene su flow propio.
**Translation:**
He's one who doesn't copy — always has his own flow.

---

**Entry 56**
**No come de cuento**
**Vecina:**
No se cree cualquier cosa. Aquí se valora al que está pilas y no se deja engañar.
**Meaning:**
Doesn't fall for bs / stays alert
**Example:**
Ese no come de cuento, siempre está pilas con todo.
**Translation:**
He doesn't fall for nonsense — always stays sharp.

---

**Entry 57**
**Tiene más mundo que muchos**
**Vecina:**

Ha vivido y sabe cómo es la cosa. Se respeta al que tiene experiencia de verdad.

**Meaning:**

Has seen more of the world / way more experienced

**Example:**

Tiene más mundo que muchos, sabe cómo es la cosa.

**Translation:**

He's seen more of the world than most — he knows how it works.

---

**Entry 58**

**No le baja la mirada a nadie**

**Vecina:**

No se achica ante nadie. Aquí se mira de frente y se habla claro.

**Meaning:**

Doesn't lower his gaze to anyone / confident as hell

**Example:**

No le baja la mirada a nadie, siempre firme.

**Translation:**

He doesn't lower his gaze to anyone — always solid.

---

**Entry 59**

**Es de los que responde duro**

**Vecina:**

Cuando toca, responde con fuerza. Así es la gente seria de la montaña.

**Meaning:**

Steps up hard when needed / delivers strongly

**Example:**
Es de los que responde duro cuando la cosa se pone fea.
**Translation:**
He's one who steps up hard when things get tough.

---

**Entry 60**
**No se deja montar**
**Vecina:**
No permite que nadie lo monte. Aquí se ponen los puntos claros y se respeta el orden.
**Meaning:**
Doesn't let anyone push him around
**Example:**
Ese man no se deja montar, siempre pone los puntos.
**Translation:**
That guy doesn't let anyone push him around — always sets boundaries.

---

---

## Estado de Ánimo con Seriedad

Mood with Seriousness

(Entries 61–70)

---

**Entry 61**

**Estoy vuelto nada**

**Vecina:**

Cuando el trabajo o el día te deja sin fuerzas, se dice así. Aquí uno aguanta y sigue, sin quejas.

**Meaning:**

I'm completely drained / turned into nothing

**Example:** Después del trabajo estoy vuelto nada, necesito descansar.

**Translation:** After work I'm completely drained — I need to rest.

---

**Entry 62**

**Quedé hecho polvo**

**Vecina:**

Después de un día duro o una rumba, uno queda agotado. Así es la vida en la montaña: se trabaja y se siente.

**Meaning:**

Left exhausted / wiped out

**Example:**

Después de la rumba quedé hecho polvo, no puedo ni moverme.

**Translation:**
After the party I was wiped out — can't even move.

---

**Entry 63**
**Estoy que no doy más**
**Vecina:**
Cuando uno llega al límite, se dice claro. Aquí se respeta el cansancio, pero se sigue adelante.
**Meaning:**
I can't go on / at my limit
**Example:**
Estoy que no doy más, esta semana fue muy pesada.
**Translation:**
I can't go on — this week was too heavy.

---

**Entry 64**
**Me dejó fundido**
**Vecina:**
Un viaje o un trabajo fuerte te deja sin batería. Se dice sin rodeos, como se habla en la montaña.
**Meaning:**
Left me burnt out / no battery left
**Example:**
El viaje me dejó fundido, necesito dormir dos días.
**Translation:**
The trip left me burnt out — I need to sleep for two days.

---

**Entry 65**
**Estoy en la mala dura**

**Vecina:**
Cuando todo sale mal en un día, se dice así. Aquí se enfrenta la mala racha con seriedad y sin dramatizar.
**Meaning:**
Having a really rough day / bad streak
**Example:**
Hoy estoy en la mala dura, todo me sale al revés.
**Translation:**
Today I'm having a really rough time — everything's going wrong.

---

**Entry 66**
**Ando vuelto mierda**
**Vecina:**
Cuando todo salió mal y uno se siente mal, se dice directo. Aquí no se maquilla la verdad.
**Meaning:**
Everything went wrong / feeling like crap
**Example:**
Ando vuelto mierda después de esa discusión.
**Translation:**
I'm feeling like crap after that argument.

---

**Entry 67**
**Estoy tranquilo hoy**
**Vecina:**
Cuando el cuerpo y la cabeza están en paz, se dice con calma. Aquí se valora la tranquilidad.
**Meaning:**

Calm today / body and mind aligned

**Example:**

Hoy estoy tranquilo, todo fluye sin afán.

**Translation:**

Today I'm calm — everything flowing without rush.

---

**Entry 68**

**Todo va en calma**

**Vecina:**

Cuando no hay drama y todo marcha ordenado, se dice así. Aquí se prefiere la calma y el orden.

**Meaning:**

Everything going calmly / inner peace

**Example:**

Todo va en calma, no hay drama por aquí.

**Translation:**

Everything's calm — no drama around here.

---

**Entry 69**

**Estoy relajado**

**Vecina:**

Cuando uno está en paz y sin afán, se dice directo. Aquí se respeta el descanso después del trabajo.

**Meaning:**

I'm relaxed / like still water

**Example:**

Estoy relajado, tomando un tinto en la plaza.

**Translation:**

I'm relaxed — having a coffee in the plaza.

---

**Entry 70**
**Todo fluye bonito**
**Vecina:**
Cuando la vida marcha bien y sin tropiezos, se dice con seriedad. Aquí se agradece cuando todo fluye como debe.
**Meaning:**
Everything flows nicely / smoothly
**Example:**
Con buena compañía todo fluye bonito, qué rico.
**Translation:**
With good company everything flows nicely — so nice.

---

---

# Cultura Santandereana y Boyacense

Santandereano & Boyacense Culture

(Entries 71–80)

---

**Entry 71**

**Aquí se respeta la palabra**

**Vecina:**

La palabra se respeta. Se cumple lo que se dice.

**Meaning:**

The word is respected

**Example:**

Aquí se respeta la palabra.

**Translation:**

The word is respected here.

---

**Entry 72**

**Eso es tradición**

**Vecina:**

Eso es tradición. No se cambia sin razón.

**Meaning:**

That is tradition

**Example:**

Eso es tradición de la montaña.

**Translation:**
That is mountain tradition.

---

**Entry 73**
**Se vive con orden**
**Vecina:**
Se vive con orden. Cada cosa en su lugar.
**Meaning:**
Life is lived with order
**Example:**
Se vive con orden en la montaña.
**Translation:**
Life is lived with order in the mountains.

---

**Entry 74**
**La familia es primero**
**Vecina:**
La familia es primero. Siempre.
**Meaning:**
Family comes first
**Example:**
La familia es primero, todo lo demás después.
**Translation:**
Family comes first, everything else after.

---

**Entry 75**
**Se trabaja con honra**
**Vecina:**
Se trabaja con honra. Sin flojera ni quejas.

**Meaning:**
Work is done with honor
**Example:**
Se trabaja con honra en la finca.
**Translation:**
Work is done with honor on the farm.

---

**Entry 76**
**Aquí se es serio**
**Vecina:**
Aquí se es serio. Se habla claro y se cumple.
**Meaning:**
Here we are serious
**Example:**
Aquí se es serio con las cosas importantes.
**Translation:**
Here we are serious about important things.

---

**Entry 77**
**La montaña enseña**
**Vecina:**
La montaña enseña. Paciencia y trabajo.
**Meaning:**
The mountain teaches
**Example:**
La montaña enseña a vivir con juicio.
**Translation:**
The mountain teaches you to live with good sense.

---

**Entry 78**
**Se vive con respeto**
**Vecina:**
Se vive con respeto. A la gente y a la tierra.
**Meaning:**
Life is lived with respect
**Example:**
Se vive con respeto en estos pueblos.
**Translation:**
Life is lived with respect in these towns.

---

**Entry 79**
**Eso es de la tierra**
**Vecina:**
Eso es de la tierra. Se respeta y se cuida.
**Meaning:**
That comes from the land
**Example:**
Eso es de la tierra, se cuida.
**Translation:**
That comes from the land, it is cared for.

---

**Entry 80**
**Así se es montañero**
**Vecina:**
Así se es montañero. Directo, serio y de palabra.
**Meaning:**
This is how mountain people are

**Example:**
Así se es montañero, sin vueltas.
**Translation:**
This is how mountain people are, no fluff.

---

## Representative Glossary

(CS-07 – Cordillera Oriental Edition)

**Juicioso**
**Vecina:**
Doing things with care, thought, and order — the highest praise here, because in these mountains one works with head and not with haste.
**Meaning:** Diligent / careful / sensible

**De palabra**
**Vecina:** A man or woman whose word is solid — if they say it, they do it, no excuses. That is how we are in Santander and Boyacá.
**Meaning:** Keeps their word / reliable

**Trabajador**
**Vecina:** Not just effort, but steady daily work from before dawn until the job is finished — that is what we respect in the mountain.
**Meaning:** Hardworking (consistent over time)

**Respetuoso**
**Vecina:** Knowing how to treat people, the land, and the old ways — one greets with the hat in hand and never raises the voice without reason.
Meaning: Respectful

**Parejo**
**Vecina:** Working or living steadily, without sudden bursts or long silences — the right way to move through the days in these highlands.
Meaning: Steady / consistent / even-paced

**Madrugar**
**Vecina:** To rise before the sun because the day rewards those who meet it early — here one gets up and works, no complaints.
**Meaning:** To get up early (core mountain discipline)

**Serio**
**Vecina:** A person who speaks little, fulfills what is promised, and carries responsibility without drama — that is what we call serious.
**Meaning:** Serious / dependable

**Honra**
**Vecina:** Honor is doing what is right even when no one is watching — here one works and lives with honra or one does not live at all.
**Meaning:** Honor / integrity

**Tradición**
**Vecina:** The old ways of the mountain are not changed lightly — they are respected because they were earned by those who came before.
**Meaning:** Tradition

**Montañero**
**Vecina:** A person of these eastern mountains — direct, serious, of few words, and firm in what he believes. That is what we are.
**Meaning:** Mountain person (Santandereano / Boyacense character)

---

---

# Discover the Collection

**The 8-Volume Series**

Here is the complete collection so you can continue exploring the many ways Colombians speak across the country:

CS-01 – Colombian Slang for Brave Foreigners (National)
CS-02 – Paisa Slang for Brave Foreigners
CS-03 – Rolo Slang for Brave Foreigners
CS-04 – Caleño Slang for Brave Foreigners
CS-05 – Cafetero Slang for Brave Foreigners
CS-06 – Costeño Slang for Brave Foreigners
CS-07 – Santandereano & Boyacense Slang for Brave Foreigners
CS-08 – Pacific Coast Slang for Brave Foreigners

---

Acknowledgements Vecina: Gracias a la gente de Santander y Boyacá que me enseñó a hablar claro, a cumplir con la palabra y a vivir con orden. Aquí no se dan vueltas ni se dicen mentiras. Se trabaja, se respeta y se dice lo que se piensa. Sin ustedes, este libro no tendría ni raíz ni seriedad. Gracias de corazón.

---

www.ingramcontent.com/pod-product-compliance
Lightning Source LLC
LaVergne TN
LVHW011052110826
845149LV00015B/3478

*9798995142065*